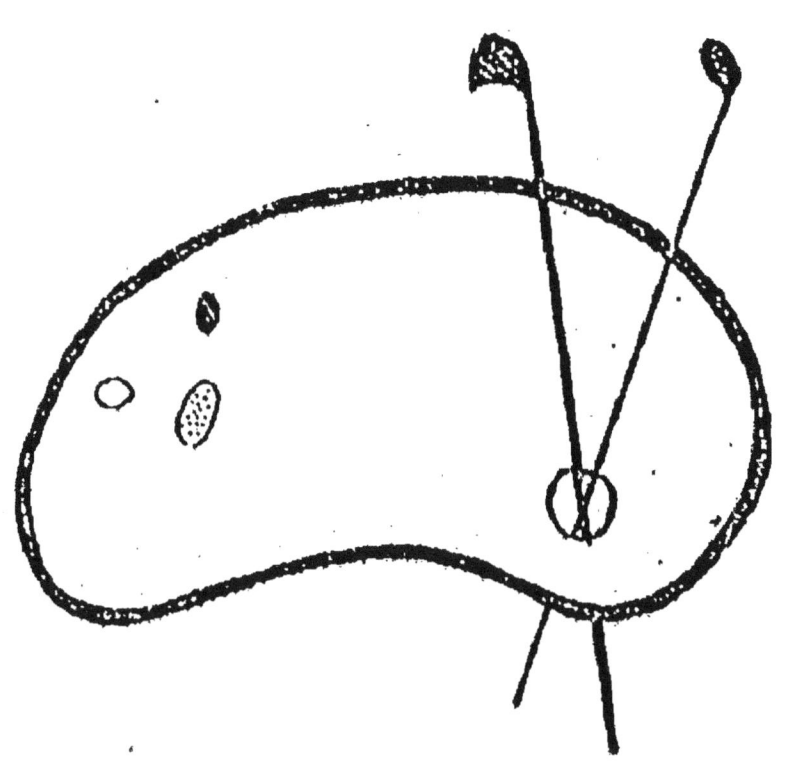

DEBUT D'UNE SERIE DE DOCUMENTS
EN COULEUR

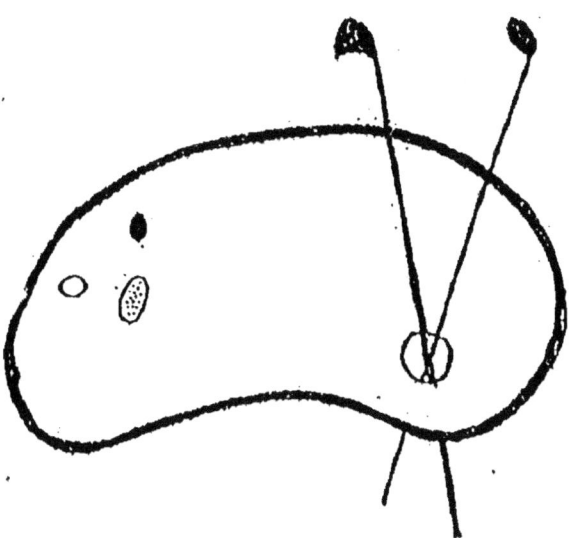

FIN D'UNE SERIE DE DOCUMENTS
EN COULEUR

ALCESTE

DRAME LYRIQUE EN CINQ ACTES, EN VERS

DISTRIBUTION :

Admète	MM. Marquet,
Héraclès	Gabel,
Phérès	Dupont,
Apollon	Maury,
Le Chœur	Duparc,
Le Serviteur	Daltour,
2º Serviteur	Monvel,
1ᵉʳ Demi-Chœur	Krauss,
2ᵉ Demi-Chœur	Chataignier,
Un Officier du palais . . .	Lecointe,
Alceste	Mmes Segond-Wéber,
Thanatos (La Mort)	Antonia Laurent,
Le Chœur des Femmes . . .	Duluc,
Eumélos	Petite Georges,
Une servante	Noémie,

A Phères, en Thessalie, — Grande place, à l'entrée de la ville, A gauche, la façade du palais, s'étendant jusqu'aux derniers plans ; le seuil est exhaussé de marches. A droite, arbres et rochers. — Au fond, un autel d'Apollon, que contourne la voie, conduisant, dehors, dans la campagne.

Pour la mise en scène s'adresser à M. Foucault, régisseur général du théâtre de l'Odéon.

ALFRED GASSIER

ALCESTE

DRAME LYRIQUE EN CINQ ACTES, EN VERS

D'APRÈS EURIPIDE

REPRÉSENTÉ POUR LA PREMIÈRE FOIS SUR LE THÉATRE NATIONAL
DE L'ODÉON, LE 28 MARS 1891

Avec la musique de scène de M. ALEXANDRE GEORGES

PARIS
G. CHARPENTIER ET E. FASQUELLE, ÉDITEURS
11, RUE DE GRENELLE, 11

1891

ALCESTE

ACTE PREMIER

SCÈNE PREMIÈRE

(Prélude de trompette. — Un officier, sortant du palais, paraît
sur les marches, et étend le bras vers le peuple.)

L'OFFICIER DU PALAIS

Peuple ! Admète subit l'invisible colère.
Tous les secours sont vains : le terme s'accélère,
Et sa vie épuisée est proche de tarir.
Pleurez, Thessaliens ! Admète va mourir.
(Il rentre lentement.)

1ᵉʳ DEMI-CHŒUR.

Le malheur fond sur nous ! nul espoir ne nous
[reste.
Nous marcherons courbés sous un poignant effroi !
Comme la jeune reine Alceste,
La Thessalie en pleurs est veuve de son roi.

2ᵉ DEMI-CHŒUR

Tu portais nos destins dans tes mains souveraines
Les ciseaux de l'Enfer en vont trancher les nœuds
Ils descendront avec le héros lumineux
Sous les demeures souterraines.

(Les deux demi-chœurs, chacun aux côtés du Récitant, se déploient devant la porte du palais, tour à tour.)

1ᵉʳ DEMI-CHŒUR

Maison hospitalière à tous ! ô très cher lieu !
Apollon Pythien, qui règne par la Lyre,
Entre tant de foyers d'exil daigna t'élire,
Quand Zeus le fit servir un mortel, quoique dieu !
Admète l'accueillit sous ce toit deux années :
Du maître paternel il paissait les taureaux,
Et sa flûte chantait les hymens pastoraux,
Sur les collines inclinées.

Alors, quittant les bois et ne respirant plus,
Le fauve chœur venait, lions, lynx, côte à côte,
Et les faons tachetés sous la cithare haute
Bondissaient, à travers les sapins chevelus !

2ᵒ DEMI-CHŒUR

O très cher lieu! maison à tous hospitalière!
Tu vis entrer, au bruit des sonores tympans,
Héraclès, le divin étouffeur de serpents,
Des roses dans sa coupe et le front ceint de lierre.
Jadis halte joyeuse entre ses durs travaux,
Tu le repousseras du lit et de la table,
Quand il viendra, marchant vers le Thrace in-
[domptable
Qui nourrit de sang ses chevaux!

Et devant le seuil vide et son hôte sans vie,
Pour ne plus revenir il suivra son chemin...
Nous retirant l'appui de son bras surhumain
Et l'audace et l'orgueil, qui causaient tant d'envie!

(Le 1ᵉʳ demi-chœur a évolué vers le fond, et s'est arrêté un moment devant l'autel.)

1ᵉʳ DEMI-CHŒUR

O roi, quel dieu songe à te protéger,
Lorsqu'Apollon se tait, lui qui fut ton berger!

2ᵉ DEMI-CHŒUR

Héraclès arracha Thésée aux sombres rives
Et ne peut faire, Admète, que tu vives!

1ᵉʳ DEMI-CHŒUR, au milieu.

Et pourtant, qui méritait mieux
Une réserve d'ans pareille aux granges pleines?

2ᵉ DEMI-CHŒUR

Qui plus que lui fut juste, hôte sûr, cœur pieux!
(Le Chœur entier se masse autour du Récitant, sur le devant du théâtre).

LE CHŒUR

L'ami des héros et des Dieux
Etait redouté dans les plaines,
Depuis le Pélion sans ports, des flots battu.
Debout, il dominait de sa haute vertu
Tous les peuples épars jusqu'aux bourgs des Mo-
[losses;
Mais voici maintenant, que les bandes féroces
Par-dessus le rempart tombé vont accourir...
Pour leur faim longtemps aiguisée
Nous serons une proie aisée;
Notre force à jamais brisée
Expire avec Celui que ce jour voit mourir!

SCÈNE II

PHÉRÈS, LE CHŒUR

LE CHŒUR

Quelqu'un sort du palais et pleure... C'est le père!
(Entre Phérès, la tête courbée.)
Dans l'angoisse que l'heure après l'heure exaspère,

O Phérès ! nous n'osons t'interroger... — Vit-il ?
A-t-il péri ?

PHÉRÈS

Mon fils vit, et n'est plus !

LE CHŒUR

         Subtil
Et terrible, ô vieillard ! est le cri de ta bouche.

PHÉRÈS

Seul, penchant vers l'Hadès, il s'enferme, farouche ;
Il s'écarte de nous, comme on fuit un remord,
Ne voulant pas souiller nos regards par sa mort.
Zeus ! avant de sécher ma race, tronc stérile,
Attends que cette main, qui dans sa main virile
Pour le mieux affermir mit le sceptre tremblant,
Au jour fixé, bientôt, pende inerte à mon flanc !
Voir tomber devant moi mon fils et ma patrie !...
Ah ! qui rendrait la sève à la branche flétrie
Me referait une âme, et je vivrais deux fois.....
   (Il se tourne vers le palais.)

Tristes sont les enfants qu'il laisse ! Je les vois
Sous le maître prochain ployer, fragiles têtes,
Que briseront demain les premières tempêtes.
Et comment et par qui seraient-ils préservés ?
Du père glorieux, hélas ! déjà privés,
Ils le seront encor de la mère éperdue :
Car Alceste, au destin d'Admète suspendue,

Reine, va de son rang choir sous les mêmes coups;
Femme, a noué sa vie à celle de l'époux!

LE CHŒUR

O double deuil! les Dieux veulent-ils qu'elle meure,
Elle aussi?... — La voilà qui vient de la demeure.

SCÈNE III

PHÉRÈS, LE CHŒUR, ALCESTE

(Alceste, perdue dans une douleur muette, traverse le théâtre, s'arrêtant parfois, levant les yeux vers le ciel et se tordant les mains. Elle va jusqu'à l'autel, et y laisse tomber ses bras et sa tête, ensevelie un moment dans une immobilité de statue;)

ALCESTE

Apollon!... je t'appelle... O toi, son obligé,
Secours-le!... Tu le dois. — Avec la foi que j'ai
Dans ta justice, ô dieu! j'attends... je suis certaine!
Tu n'as pas oublié la misère lointaine,
Et son accueil dans la maison, et ton séjour,
Dispensateur brillant de la vie et du jour!
Être ingrat quand on peut donner tout déconcerte!
Ah! ce que je demande est un miracle, certe!
Mais ce n'est pas le jeune époux aux blonds che-
[veux,

Par les chers yeux de qui j'existe, que je veux...
C'est l'âme d'un pays, le héros qu'il vénère !
Tu le sais, qu'il n'est pas un mortel ordinaire,
O toi qui l'as connu, qui l'as aimé, Phébus !
Le verseur de la coupe où dans ta soif tu bus,
L'homme chez qui ta faim d'homme fut assouvie,
Dont la bonté veilla sur ta terrestre vie
Et le soutint, avec ce peuple qui périt,
Toi, le dieu qui rayonne et le dieu qui guérit.
Tu barreras la route à la Mort meurtrière :
Je le crois, je le sais !... car l'ardente prière
Dont la ferveur m'embrase et m'exalte, et m'é-
　　　　　　　　　　　　　　　　　　　[treint,
Porte un désir puissant d'un tel amour empreint
Et je la sens si forte, ô Péan, dieu de flamme,
Qu'elle va d'un seul bond, éclair jailli de l'âme,
S'élancer dans l'éther, plus haut que ton soleil,
Et monter jusqu'aux Dieux sur l'Olympe vermeil.

PHÉRÈS

Ah ! pour le racheter de l'Hadès qui le presse,
Apollon, fixe un prix égal à ma tendresse !

LE CHŒUR

Exige un dévoûment, Phébus, nous sommes prêts.

ALCESTE

Tout le peuple avec moi t'invoque...- Viens ! parais !
(Le théâtre s'obscurcit. Tonnerres sourds. Puis l'autel s'éclaire
Apollon apparaît, et tout le peuple tombe à genoux.)

SCENE IV

LES MÊMES, APOLLON

APOLLON

Je suis ici, présent parmi vous, et visible.
Vos supplications ont ému l'Insensible :
Le Destin déliera des funèbres liens
Admète, relevé par vous, Thessaliens.
J'en ai l'aveu des Sœurs Fatales ! Oui, mon hôte,
Votre roi, revivant une gloire plus haute,
Peut vous défendre encor — Zeus, mon père, y
 [consent —
Si quelqu'un s'offre et dans l'Hadès pour lui descend.
On tente sans effort ce que l'amour suggère ;
Sache de plus, ô foule obscure et passagère,
Quelle fortune attend l'homme : ce seul moment
Enveloppe ses jours entiers d'un flamboiement ;
Fût-il le plus souillé, subît-il la morsure
De l'Erinnys, il marche à la conquête sûre
— Humble libérateur du Chef presque divin —
D'un nom impérissable et d'un bonheur sans fin.
Il partira, laissant la Tête redressée...
Mais dans un délai prompt,- car la Mort est pressée.
Si plusieurs sont épris de ces buts éclatants,
Désignez l'un d'entre eux, et vous pourrez longtemps
A votre gré, comblant l'universelle envie,
Retourner pour ce roi le sablier de vie,
— Si vous n'attendez pas, tardifs à faire un choix,
Que le sable qui fuit ne s'écoule dix fois.

(Il disparaît.)

SCENE V

ALCESTE, PHÉRÈS, LE CHOEUR

ALCESTE, avec un cri.

Alors, il est sauvé!... Tous, Phébus secourable,
Tous vont s'offrir!... Car tel à jamais misérable,
Lourd de crimes, funeste, à soi-même odieux,
Retrouvera la paix dans le pardon des Dieux;
Tel voudra le renom éternel qui décore
Un chant d'harmonieux aède, et tel encore
Que sans répit le Sort cruel désespéra
Enfin vers les bonheurs promis s'envolera!
Et les autres... — et tous les autres!... — qui ne
[doivent
Qu'à lui leur sol même et l'air libre qu'ils boivent,
Seront fiers d'accourir, d'un cœur reconnaissant!...

(Elle regarde autour d'elle. Silence. Tous ont baissé la tête, embarrassés).

Ils hésitent... Pas un ne parle!... Zeus puissant!
Mais... dans l'instant, ici, vous demandiez... —
[que dis-je?
A genoux, vous vouliez acheter ce prodige,
Tous, d'une même voix, si haut qu'en fût le prix!
Et voici que déjà vous vous êtes repris?
Sans la faveur où Zeus permet qu'un seul aspire,
Vous périssez jusqu'au dernier, d'une fin pire,
Avec la Thessalie, — et ta race, ô Phérès!

(S'approchant de Phérès, les dents serrées.)

Tes pleurs étaient donc feints? puisque tu préférais,
Toi, son père, courbé, qu'à peine un souffle anime,
Quelques jours vacillants au salut unanime!
Je n'élèverai pas, vieillard, tu le défends,
Le cher espoir qui dût survivre, ses enfants!
Dans ton passé caduc meurt l'avenir valide...
Tu ne veux pas qu'aussi la vertu consolide
Ton trône, échafaudé par... beaucoup de moyens!
Car tu peux l'accuser plus que les citoyens;
Ta vieille vie, enfin, ne fut pas toujours pure...
— Ah! vois le double don qu'Apollon te procure,
Et délivre ton fils, en tuant ton remord!

PHÉRÈS

Reine, qui braverait l'approche de la Mort!
Comment toucher la main de Thanatos terrible!
L'épouvante nous prend et nous passe à son crible...
Les Dieux mêmes, sur qui son ombre est sans pou-
[voir,
Se détournent, troublés, évitant de la voir,
Et n'arrêteraient point sa marche : elle est plus
[forte
Que le vouloir des cœurs, - où tout courage avorte.

ALCESTE

Aïeul éteint ce soir, demain enseveli,
A l'heure du repos n'as-tu pas soif d'oubli?
N'as-tu pas bien gagné ta couche solitaire?

PHÉRÈS

Elle est longue, la nuit qu'on passe sous la terre!

ALCESTE

Mais tu ne peux la fuir !..... elle est là qui t'attend !
Pour te clore les yeux tu n'as plus qu'un instant !
Veux-tu perpétuer l'essence de ton être ?
Dans les fils de ton fils hâte-toi de renaître !
Si tu demeures sourd, quel de ceux-là pour eux
S'ira livrer ? Oh ! fais des lendemains heureux
A ta lignée, avec le seul jour qui te reste !

PHÉRÈS

Hélas ! cette lueur mourante, ô noble Alceste,
M'est chère autant qu'à toi la jeunesse, — et bien
[plus !
On est mieux enchaîné par les temps révolus,
Et nous nous retenons plus fortement peut-être
A l'appui qui fléchit, quand il va disparaître.
Du péril qu'on ignore on s'en veut abriter ;
Plus il échappe et moins on cherche à le quitter.
Reine, un vivant deux fois ne voit pas la lumière :
Notre heure la plus douce est près de la dernière,
Et l'arracher de soi laisse un trop long regret !...
Cesse donc de prier : personne n'entendrait.

(Alceste se cache désespérément le visage dans ses mains.
Tous se dérobent peu à peu et la laissent seule.)

SCÈNE VI

ALCESTE ; puis THANATOS (LA MORT) entourée d'Ombres.

ALCESTE

O père sans pitié !... cœurs ingrats !... lâche foule !

Ils m'abandonnent ! — Et tout le sable s'écoule !...

(Les Ombres de la Mort, formes voilées de noir, apparaissent, masquant Thanatos (la Mort), penchées vers le palais, et faisant toutes le même signe.)

Ha ! qui sont celles-ci ? que veulent-elles ? Dieux !
Vers la demeure ensemble elles tournent leurs yeux ;
Comme un dogue au troupeau ramène un bœuf
[rebelle,
Elles flairent quelqu'un, et leur geste l'appelle !...

CHŒUR D'OMBRES

Admète !... Admète !... Viens ! Tu t'attardes ici,
Et là-bas, l'aviron frappe les flots funèbres !
Hâte-toi de nous suivre au travers des ténèbres...
— C'est l'heure ! Nous voici.

ALCESTE

Chant qui me glace !. ô Zeus !. je frissonne d'effroi !

(Les Ombres s'écartent, laissant voir la Mort (Thanatos), muette, le bras levé, tenant le dernier sablier qui s'écoule. — Alceste, épouvantée, recule.)

Thanatos !... le dernier sablier !...

(Les Ombres font un pas vers le palais. Alceste s'élance.)

Prenez-moi !

(La Mort baisse brusquement le bras, et les Ombres s'arrêtent.)

FIN DU PREMIER ACTE

ACTE SECOND

SCENE PREMIÈRE

LE CHOEUR

LE CHOEUR

Par la victime unique, oh ! comme en un temps bref,
Le sang de tout le peuple afflue au cœur du chef !
Il se ranime, plein d'une puissante vie.
Tout s'écroulait, et tout, de nouveau, s'édifie !
La Mort fuit !.. — Présentons le miel blond et le vin
Au dieu dont les traits d'or nous délivrent enfin !
Arrière les habits de deuil ! et que l'on voie
Ruisseler de la coupe une pourpre de joie !
Nous chanterons Péan et crierons Evohé :
Gloire à l'Archer du Ciel !

(Le Récitant, avec le centre du Chœur, est au fond, offrant des présents sur l'autel. — Sur le devant, deux groupes.)

Ier DEMI-CHOEUR

Qui donc s'est dévoué ?
Car le bras est secret, si l'œuvre est manifeste.
Dit-on que le vieillard, aux pleurs brûlants d'Alceste
Retrempant son courage, ait abjuré la peur ?
Les yeux enveloppés de la noire vapeur,
Se montre-t-il, penché, hagard, vers le tumulte
Qui monte du lointain Hadès ?

2ᵉ DEMI-CHŒUR

         Phérès exulte
Du bonheur de se voir à son fils réuni ;
Par l'esprit qui s'exhale il semble rajeuni,
Et, comme s'il puisait dans la veine inconnue
Qui s'est ouverte, il sent sa chaleur revenue.

1ᵉʳ DEMI-CHŒUR

Alors, qui d'entre nous s'est donné ?

2ᵉ DEMI-CHŒUR

          L'on ne sait.
On voit briller plus vif le nom qui s'effaçait ;
Sans pouvoir distinguer, obscure ou bien illustre,
Quelle main au pays rénové rend son lustre.

 (Agitation devant le palais. Phérès, joyeux, en sort et vient vivement vers le Chœur, se retournant vers les portes, à mesure qu'il parle).

SCENE II

PHÉRÈS, LE CHŒUR, puis ADMÈTE

PHÉRÈS

Il vient !... dans les parfums du bain purifié.
Du noir Hadès ses pas vainqueurs ont dévié,
Ayant touché le seuil, ainsi que par bravade !
Prisonnier de la nuit, dans le jour il s'évade.

Le voilà !... libre, fort, et plus jeune et plus beau !
(Admète paraît au haut des marches et s'arrête. Tous élèvent
leurs mains vers lui.)

LE CHŒUR

Gloire et long règne, Admète, à toi, glaive et
[flambeau !

ADMÈTE

Apollon, qui surgis de la vague marine !
O vie ! ô jour ! ô joie entrant dans ma poitrine !
Chauds rayons d'Hélios ! azur éblouissant !
Toi, ville ! toi, patrie ! et vous tous, qu'impuissant
J'ai fuis, pour ne pas voir souffrir de ma souffrance,
Je vous salue, ô peuple ! avenir ! espérance !

(Il descend.)

LE CHŒUR

Reçois-nous ! garde-nous ! toi, qui pris notre
[amour,
Comme une femme ! et qui nous rends par ton retour
L'air vital... — toi que d'un seul cœur nous épou-
[sâmes !

ADMÈTE, sur le devant.

Volupté de porter dans son âme des âmes !
J'écoute, en tressaillant d'un maternel émoi,
Ton cœur, ô nation, battre au dedans de moi.

(Se tournant vers le peuple.)

Mais l'homme qui m'a fait cette grandeur divine,
Peut-il se dérober sans que nul le devine ?
Qu'il se nomme ? et je veux plus qu'un roi l'honorer.

PHÉRÈS

Il persiste à vouloir se laisser ignorer,
C'est quelque malheureux las d'endurer, sans
[doute ;
Que plus rien n'attachait... — car tout mortel re-
[doute
D'entrer dans le chemin qui mène... on ne sait où !
Alceste en vain pria : qui se fût montré fou
Au point de renoncer à sa propre existence ?
Moi-même que mordait cette torture intense
De mesurer ma race à ton souffle décru,
Et qui te cherchais plus qu'à demi disparu,
Moi qui saignais, mon fils, de la lente agonie,
Je n'ai pu... — par l'aveu ma honte soit punie ! —
Malgré le désir fixe et le remords criant...
Non, je n'ai pu répondre à l'appel effrayant !

ADMÈTE

Ah ! le héros caché, créancier de mes heures,
Par qui je brillerai dans les hautes demeures,
Tandis qu'il s'en ira moissonné dans la nuit...
Pour mes fils qu'il me donne et qu'un long espoir
[suit,
Pour Alceste, l'amour de mes yeux, pour l'offrande
De mon cher peuple... fais, Apollon, que Zeus
[rende
A son ombre l'éclair des matins radieux !
— Car j'accepte la dette, et j'en charge les Dieux !

LE CHŒUR

Phébus aux cheveux d'or ne te fit jamais faute
De son aide, et voudra s'acquitter pour son hôte.

ADMÈTE

Il épargne aujourd'hui, n'ayant pu l'oublier,
Une tache à mon vieux renom d'hospitalier :
Héraclès vient ; lorsqu'un tel hôte me visite,
Convient-il qu'à s'ouvrir à lui ma porte hésite ?
Et que l'étranger soit attristé par un deuil ?
Voir, respirant encor, se refuser mon seuil !
Qu'un si rare malheur sur ma mémoire tombe
Que d'offrir à qui veut mon foyer une tombe !
Plutôt que d'emporter dans l'Hadès cet affront,
J'eusse arraché les noirs ornements de mon front
Et secoué de moi l'alourdissante ivresse !

(Alceste sort lentement du palais, portant dans ses mains des guirlandes.)

PHÉRÈS

Voici la reine... Avec des rythmes d'allégresse,
Effeuillez l'odorant laurier-rose, et brûlez
Sur les trépieds d'argent l'ambre et l'encens mêlés.

SCÈNE III

LES MÊMES, ALCESTE

(Alceste s'avance et se contraint pour sourire, tandis qu'Admète s'approche d'elle.)

ALCESTE

Ah ! je me sens pâlir et faiblir... je chancelle.

ADMÈTE, rayonnant.

Joyeux, inclinez-vous, Thessaliens, vers celle
Dont le sublime amour, plus que les Parques fort,
Suscita le secours d'Apollon, puis l'effort
Du grand cœur qui se tait — l'entraînant aux lieux
[sombres,
Quand déjà m'appelait la voix grêle des Ombres.

LE CHŒUR

Tous deux unis, soyez aimés, vivez heureux !

ALCESTE, à part.

O ciel ! je ne peux plus cacher ce trouble affreux !
Mon œil se voile... Un glas à mon oreille tinte...

ADMÈTE

En me touchant, le doigt de la Mort l'eût atteinte.
C'est elle qui nous sauve et qu'il faut vénérer !
Les Dieux se sont émus rien qu'à la voir pleurer.
Ils frustrent Thanatos de la funèbre fête,
Parce qu'ils n'ont pas pu frapper la plus parfaite.

Le chœur des Ombres du 1ᵉʳ acte, presque indistinct d'abord, s'entend au loin :

Alceste !.. Alceste !.. Viens ! Tu t'attardes ici, etc., etc.

ALCESTE, laissant tomber les guirlandes.

Cette voix, comme un fer aigu, pénètre et mord.
Oh ! déjà !.. pas un jour ! pas une heure !.. la Mort,
La Mort inexorable est là !

ADMÈTE, qui l'observe, poussant un grand cri.

Dieux!...

ALCESTE

Quoi! pas même
Jusqu'à demain!... Quitter le jeune époux qui
[m'aime,
Dans la félicité de le voir revivant,
Sans un baiser d'amour, un seul!... Partir avant!

(Elle tourne des yeux mourants et tend des bras qui supplient vers les voix funèbres, maintenant plus hautes. On s'étonne; on s'empresse autour d'elle. Aux premiers vers qu'Admète dit, tous interrogent des yeux le couple royal avec effroi.)

ADMÈTE

Qu'a-t-elle?... et quelles voix est-ce donc qu'elle
[écoute?
Comme si tout son sang s'épuisait goutte à goutte.
Elle ploie... et les prie!..— Ah!... je les reconnais,
Ce sont elles, quand vers l'Hadès je me tournais,
Cherchant la route, qui s'élancèrent, avides,
Au-devant de mes pas, et s'offrirent pour guides!
Ah! plus de fête et plus de joie! Arrière tous!
Celle qui s'est vouée et se livre pour vous
N'avait besoin d'honneurs ni de gloire immortelle.
Toute la vie était ouverte devant elle!
Jeune, elle avait l'amour, le bonheur, les vertus...
Les plus vieux, les plus las, les plus vils se sont tus,
En laissant cette mort, expiation sûre,
A la plus noble, à la plus belle, à la plus pure!

ALCESTE

Il est tard ; ton reproche, Admète, est superflu.
Il le fallait ainsi ! quelque dieu l'a voulu.
Regarde-moi mourir, d'une âme résignée.
Cher cœur ! je ne me suis nullement épargnée,
Tu le vois... — Le temps passe... — Au nom de
[mon amour,
Je veux te demander une grâce à mon tour.
Mais fais venir d'abord nos enfants: ma prière
Les regarde... — O mon roi, si tu vois la lumière,
Si je t'ai bien servi, si tu m'aimais, et si
Tu me pleures... pour eux accorde-moi ceci.

(On est allé chercher les enfants, qui sont introduits, et qui se précipitent vers Alceste.)

SCÈNE IV

LES MÊMES, LES ENFANTS

EUMÉLOS

Mère ! à présent, c'est toi qui veux partir...? Oh !
[mère,
Reste avec nous ! ne t'en va pas !

(Elle les presse sur son sein, en pleurant.)

ADMÈTE, avec révolte

Faveur amère !

Et j'acceptais, moi !... Zeus ! tu crois que je consens ?
Je m'en vais voir avec des yeux obéissants
Son jeune corps aux bras d'un spectre qui l'enlace,
Et j'ensevelirai cette femme à ma place !...

ALCESTE

O Mort, ne me prends pas avant qu'il ait juré,
Ecoute... — avarement le jour m'est mesuré.. —
Promets-moi, cher époux, afin qu'en paix je meure,
Qu'ils resteront tous deux maîtres dans la demeure.
Qu'une étrangère... ô roi ! n'y soit reine jamais !...
Tu les aimes autant que moi : ne les soumets
A nulle autre !... Moins bonne, une seconde épouse
Voudrait porter la main, dans sa fureur jalouse,
Sur tes enfants... qui sont aussi les miens ! Toujours,
Détestant les fils nés de premières amours,
La marâtre pour eux a des yeux de vipère.
Encore, un fils a-t-il un rempart dans son père :
Mais ma fille !... oh ! qui donc sera doux le chemin
Sous tes pieds !... préparant ton cœur chaste à l'hy-
[men !
Et ce jour !... m'en aller sans qu'hélas ! je le voie !
Sans t'assister dans la douleur et dans la joie !...
Il faut de vos chers yeux pour toujours me priver,
Enfants !... et ce malheur ne doit pas m'arriver
Dans trois jours, ni demain... pour que je m'habitue !
Mais d'instant en instant le souffle froid me tue.
Mes bien-aimés, les morts vont me compter entre
[eux ;
Je n'ai plus qu'un moment... Vivez ! soyez heureux !
(Elle les éloigne doucement et se tourne vers Admète sombre).
Maintenant, hâte-toi ! Que ton serment rassure
Mon âme déclinante....

ADMÈTE

       Ah ! par les Dieux, je jure
De n'être point l'époux d'une autre femme, oh non !
Mais je le jure aussi, j'abolirais mon nom
Plutôt que de me voir fait d'une telle fange
Que je revive au prix de cet horrible échange !

EUMÉLOS

Par mon père le roi l'on est bien défendu !
Ne crains rien.

ALCESTE

      Mes enfants, vous l'avez entendu :
Morte, je resterai votre mère. — O ma fille,
Et toi, cher fils, adieu !... — Cette clarté vacille...
 (A Admète).
Reçois-les de ma main : ne les délaisse pas.

   (Elle ferme un moment les yeux.)

EUMÉLOS, effrayé.

Mère, ne descends point chez les noirs dieux d'en
            [bas !
Ne va pas dans l'Hadès où hurle un chien farouche,
C'est ton petit enfant, vois, penché sur ta bouche,
Qui t'on supplie, ô mère, et qui t'appelle...

ALCESTE, rouvrant les yeux et les embrassant.

Allez
Tous deux.. Je ne suis plus vivante!..-Eloignez-les.
(On emmène les enfants, qui se retournent vers elle, tendant les mains et pleurant.)

SCÈNE V

ADMÈTE, ALCESTE, PHÉRÈS, LE CHOEUR

ALCESTE

(A un groupe de serviteurs, qui se sont rapprochés en sanglotant.)
Vous m'assistiez dans la demeure... Au plus modeste
Je veux tendre la main... Souvenez-vous d'Alceste,
Quand ces yeux qui vous voient se seront endormis,
O vous, mes serviteurs, qui me fûtes amis!

(Elle se lève brusquement. Ses femmes l'entourent.)

L'ombre vient... Des vapeurs épaisses m'environ-
[nent,
Que les autels des Dieux de myrte se couronnent!
Parfumez la maison!... Les confuses clameurs
Me poursuivent... Je veux... hâtez-vous, je me
[meurs!
Couvrir de mes baisers ma couche nuptiale!
Portez-y mon beau corps lavé d'eau fluviale...

Et que la mort me prenne où me reçut l'amour!
Pour la dernière fois, je te salue, ô jour!

(Elle est appuyée sur ses femmes, et se dirige lentement vers le palais.)

ADMÈTE, s'élançant.

Non! ce ne sera pas! Je me refuse! Arrête!
Ce crime s'achever! Est-ce que je m'y prête?
Ai-je prié, pour qu'à l'Hadès l'on m'arrachât?
J'y retourne! Je ne veux pas de mon rachat.

ALCESTE, qu'il veut toucher, se reculant.

Laisse-moi! laisse-moi! l'on m'appelle! on me
[cherche
Vois!... le Passeur des Morts, appuyé sur sa perche,
Impatient, est là!... voulant mes pieds plus prompts.
Aperçois-tu la barque et les deux avirons?...
O malheureuse!... un spectre ailé plus loin m'em-
[mène!
Dans quel chemin!... Je vois les Morts et leur do-
[maine...
Sous les fauves sourcils du monstre quel regards!

(Elle est arrivée au pied des marches; entre elle et Admète le Chœur, immobile, suit des yeux tous ses mouvements dans un silence épouvanté.)

ADMÈTE, sur le devant.

Thanatos qui m'entends, tous ces songes hagards
Que j'entrevis aussi, dans l'anxieuse attente;
Tu vas les dissiper? puisque je te contente!

Laisse-la ! prends ma main ! dans le noir carrefour
Je veux te suivre, ô Mort !
(Alceste, soutenue par ses femmes, monte les marches, s'arrêtant à chacune, les bras levés et les yeux tournés vers le ciel.)

ALCESTE

Soleil ! clarté du jour !...
— Sillage lumineux, rayons... ô flots limpides
De l'éther !... Tourbillons des nuages rapides !
— Terre ! toits d'Iolchos, ma patrie !...

ADMÈTE

O Dieux sourds !

ALCESTE, *sur le seuil.*

Admète ! souviens-toi !...

ADMÈTE

Hâtez votre secours !

(Alceste est près de disparaître. Il essaye d'aller à elle, en écartant le Chœur qui l'arrête doucement.)

Ne rentre pas ! Alceste... attends !

ALCESTE

Adieu, lumière !

(Elle disparaît dans le palais. Phérès, tremblant, sort derrière elle.)

SCÈNE VI

ADMÈTE, LE CHŒUR, puis PHÉRÈS

(Admète, repoussé par le Chœur suppliant, se précipite vers l'autel, au fond.)

ADMÈTE

Ah ! je t'adjure !... Vois... Elle veut, la première...
— Apollon !... tu ne m'as pas fait ce don hideux,

3.

Qu'elle meure! n'étant qu'une âme tous les deux!
Sollicitude horrible et cruelle ironie!
Sois prompt!...Elle s'éteint!...Suspends son agonie!
Ah! dût la Thessalie — oui, ceux-ci, tous les miens,
S'abîmer avec moi dans les flots stygiens,
Dussé-je être maudit et faillir à ma tâche,
Je ne donnerai pas pour la vie, amour lâche,
La reine au cœur viril, l'épouse sans défaut!
Le bûcher qui m'est dû, je le réclame! Il faut
A l'Hadès une proie, une seule : qu'importe
Elle ou moi?... Me voici!

(Il s'est renversé à demi, attendant le coup. Un grand cri dans le palais. Epouvante. Admète se redresse éperdu).

Grands Dieux!

(Phérès paraissant sur le seuil.)

La reine est morte!

CHŒUR de lamentations dans le palais

Pleure! emplis-toi d'amers sanglots!
Triste demeure!
Pleure ta reine! à jamais pleure!
Pleure! en la nuit de ses yeux clos
C'est la clarté qu'Hadès emporte...
Alceste est morte!

FIN DU DEUXIÈME ACTE.

ACTE TROISIÈME

SCÈNE PREMIÈRE

La scène un moment vide; puis

THANATOS, APOLLON

(Sur la façade du palais — d'où, par intervalles, sortent des gémissements, des bruits de mains frappées en cadence, et des lamentations espacées — courent des guirlandes de verveine, dont une branche surmonte un grand vase d'eau, posé sur les marches. De chaque côté des portes, un serviteur, debout, immobile, tourné vers le palais. Thanatos paraît au fond, venant de droite; elle tient d'une main une épée qu'elle cache et étend l'autre vers le palais. Apollon, l'arc levé, se dresse devant elle).

THANATOS

Ah! ah! devant les murs c'est encor toi qui rôdes?
Crois-tu tromper l'Enfer par de nouvelles fraudes?
Tu veux de ce palais faire à tous un abri
Et me voler la femme ainsi que le mari?
Mais ta ruse trop tard pour elle s'est pressée,
Baisse ton arc! elle est à moi, la trépassée!
Et, cette fois, m'ôter ma chasse et mon butin,
Nul dieu ne l'oserait, pas même le Destin!

APOLLON

Je sais qu'auprès de toi personne n'intercède.
J'ai voulu te parler, pourtant.

THANATOS

                        Lorsqu'à son aide
Admète, haletant de larmes, t'appelait,
Tu n'es point apparu : c'est alors qu'il fallait
T'émouvoir! que n'as-tu risqué ton entremise?

APOLLON

L'approche des mourants ne nous est pas permise.
J'abandonne à regret l'être qui va finir :
L'impur souffle dernier ne doit pas nous ternir.

THANATOS

Ha! ha! vraiment? pas même un soupir qui vous
                                                [frôle,
Impassibles? Restez, alors, dans votre rôle!
De quoi donc prenez-vous souci? Ne venez pas
O blancs Démons d'en haut, étrangers au trépas,
Vous jeter entre nous et les hommes, nos proies!

(Elle veut passer, Apollon relève l'arc.)

APOLLON

Arrête! Il ne faut pas, cependant, que tu croies,
Parce que j'ai dû fuir, quand son malheur trop lourd
L'écrasait, que j'étais insensible ni sourd.

THANATOS, ricanant.

N'es-tu point habitant du Ciel héréditaire?

APOLLON

Mort, tu railles à faux. J'ai vécu sur la terre.
Ce que ne sentent point les Dieux indifférents
Je l'écoute vibrer, l'éprouve et le comprends.
Ma force fut mêlée à l'humaine faiblesse :
J'ai travaillé, souffert, aimé! c'est ma noblesse,
Ah! ceci te fait peur, ô semeuse d'effroi!
Entends-moi bien : je fus compagnon de ce roi,
J'ai ma part dans sa joie et dans ses maux ; je l'aime,
Et je le défendrai, fût-ce contre toi-même.

THANATOS

Je te l'ai dit déjà, Phébus ; il n'est plus temps.
Va, remonte parmi tes frères éclatants.
L'homme a payé le prix à l'Hadès, qu'il esquive.
Vois-tu pas la verveine et le vase d'eau vive?
Les serviteurs debout près des portes? dedans,
Entends-tu les pleureurs avec des cris stridents
Gémir? et retentir les jeunes mains des femmes?
Quel espoir gardes-tu? qu'est-ce que tu réclames?
Tu t'obstines encor, quand tout est accompli!
Comme s'il était clos sous le marbre poli,
On ne peut à ce corps rendre l'âme échappée.
Arrière!

APOLLON, immobile.

Alors, pourquoi caches-tu cette épée?

THANATOS

Ha!... Tu crois me tenir déjà par quelque aveu?
Je dois toucher la morte et couper un cheveu

De sa tête : ce glaive au Dieu noir la consacre.
Oh! ne triomphe pas devant un simulacre!
Elle est mienne!... Celui que la vie a quitté
Prend au fer sa pâleur et sa rigidité;
Mais, même d'un vivant gardât-il l'apparence,
On ne recouvrerait pour lui nulle espérance.
Laisse-moi donc passer! car tu n'obtiendras rien.

APOLLON

Tu refuses, ô Mort, de m'écouter? Eh bien!
Sache que ta défaite en sera plus amère.
Tu fléchiras devant un homme.

THANATOS, ricanant.

      Un éphémère?

APOLLON

Un éternel! la Force et la Justice! Il vient,
Le délivreur puissant dont l'Hadès se souvient!
Héraclès, le Dompteur de tous les monstres...
          [Tremble
Devant mon frère, né d'une femme! — Il me semble
Que je découvre en toi des changements soudains.
Ce fils de Zeus n'a pas comme nous tes dédains?
N'attends-tu pas de lui la réserve où nous sommes!
Tu ris des Immortels, Thanatos? Crains les
          [hommes!

THANATOS, troublée.

Assez! va-t-en.

APOLLON

    Ils ont pour combattre, entends-tu,

Une arme qui n'est pas dans nos mains, la vertu.
Prends garde à ces lutteurs ! Nous trônons ; ils
[méritent.
Ah ! s'ils savaient !...

THANATOS

Tais-toi !

APOLLON

Les vérités t'irritent ?
Gardes-en l'aiguillon dans ta chair pour adieu.
Je ne puis rien sur toi, car je ne suis qu'un dieu :
Mais crains les hommes ! crains qu'à la fin... leur
[cœur n'ose.
Ah ! s'ils savaient !... vraiment, tu serais peu de
[chose.

(Il sort, Thanatos, les sourcils froncés, baisse la tête, silencieuse.
Lamentations dans le palais.)

SCÈNE II

LE CHOEUR, muet ; THANATOS

THANATOS

Héraclès dans ses poings serra le cou du Chien
Qui veille, du troupeau des fantômes gardien.

Il n'a, pour hésiter dans la plus dure étreinte,
Ni la sérénité céleste ni la crainte.
Ce serait un assaut fort rude. — Ah ! temps maudit,
Où le mur invisible, à franchir interdit,
Frontière des mortels et des Dieux, n'est point fixe !
Où moi, la Mort, je puis engager une rixe !
Où les Maîtres d'airain sont mûs par la pitié...
Où la maison avec le Ciel fait amitié !

(Elle regarde le palais, secoue la tête, et rit.)

— Mais, folle !. celle-ci penche où l'Enfer l'assigne.
C'est par bonheur qu'Admète est de ses hôtes digne,
— D'Héraclès, l'homme fauve, et du fils de l'azur —
Car son cœur de héros fait mon triomphe sûr.
Si terrible que soit la torture éprouvée,
Il n'affligera point de sa douleur privée
Le voyageur qui dort une nuit sous son toit :
L'effort fût-il mortel, il fera ce qu'il doit,
Mettant une pudeur à bien cacher sa perte.
Vraiment, je ris d'avoir écouté cette alerte...
— Mais je n'entrerai pas au palais, cependant.
Errer autour, guetter de loin est plus prudent.
Je retarde un moment le rite de l'épée...
Eh ! qu'importe un cheveu quand la vie est coupée !
Tranquille, j'attendrai ma victime au tombeau,
— O roi, Phébus dit vrai : la vertu, c'est très beau !

(Elle disparaît en ricanant. Bruit dans le palais. Admète en sort, comme un furieux, suivi d'officiers, derrière lesquels vient Phérès lent et triste.)

SCÈNE III

ADMÈTE, LE CHOEUR, PHÉRÈS

ADMÈTE

Laissez-moi !...
(Il descend au milieu.)
        C'est assez ! Je défends qu'on célèbre
Des funérailles ! Non ! pas de bûcher funèbre !
Pas de sépulcre !

1er DEMI-CHOEUR, avec une douceur triste.
    Il faut à ceci te plier.

ADMÈTE

Je vous dis qu'Apollon n'a pas pu m'oublier.
Il m'écoute, invisible, et, j'en suis sûr, il m'aide !

2e DEMI-CHOEUR

Renonce aux vains espoirs : le mal est sans remède.

ADMÈTE

L'amour d'Alceste a fait un miracle : le mien
Est donc plus faible, ô Dieux ! puisque je ne puis
                      [rien.

LE CHOEUR, s'avançant.

Roi, c'est le jour marqué... Tout le peuple te prie...
Permets-nous de dresser une couche fleurie,

4

Et de couper les bois au parfum pénétrant,
Que la flamme gravit légère en s'épurant...

ADMÈTE

Détruire cette forme adorable !... en fumée,
En cendre, disparue !...

1ᵉʳ DEMI-CHŒUR

Elle s'est consumée ;
Elle est éteinte.

ADMÈTE, sans l'écouter.

Oh non ! Qu'elle serre le poing,
Plisse le front, la Mort ne l'emportera point.

LE CHŒUR

Tu t'attaches, Admète, à l'impossible : Alceste
N'est plus rien.

ADMÈTE

Ah ! plus rien ? Et moi, je vous atteste
Qu'elle domine encor, reine, dans la maison :
Et je l'y garderai !

2ᵉ DEMI-CHŒUR

Rappelle ta raison !

ADMÈTE

Ne touchez pas son corps sacré ! que nul ne l'ose !
Sur le lit nuptial où blanche elle repose
Je veux la voir toujours ! et je l'entourerai,
De mes deux bras, et puis je me prosternerai...
Jusqu'à ce que les Dieux dévoilent ses prunelles.

LE CHŒUR

Y songes-tu ? ce sont les âmes criminelles
Qu'on prive des honneurs voulus par le trépas !
L'exclure du sommeil ne t'épouvante pas ?
Horreur ! comme une impie et comme une adul-
[tère,
Tu refuses la reine à la flamme, à la terre ?
Tu veux punir la morte !

ADMÈTE, avec une violence soudaine.

Et si j'allais tuer
La vivante ! J'ai cru voir son sein remuer !
C'est une illusion où ma douleur se joue,
N'est-ce pas ? Regardez ses lèvres et sa joue.
Allez ! mes ordres sont mûrement résolus.

LE CHŒUR

Hélas !
(Un silence. Admète, abattu, a penché le front. D'une voix sourde, il dit, très sombre :)

ADMÈTE

Quand je serai très sûr qu'elle n'est plus,
Dans le coffre de cèdre aux vivantes sculptures

Vous m'étendrez près d'elle... Au fond des sépul-
[tures
Vous dormirons, exempts du bûcher : je le veux.
Nous les Thessaliens raserons leurs cheveux
Et marcheront vêtus du péplos noir ; j'exige
Des cavaliers, qui vont portés sur un quadrige
Ou sur des chevaux seuls, qu'en signe de deuil, tous
Tranchent avec le fer les crinières des cous.
Dans les stades publics plus de jeux, plus de
[luttes !
Meure tout bruit joyeux ! les lyres et les flûtes
Dans les villes pendant vingt lunes se tairont,
Et vous ferez silence au-dessus de son front.

LE CHŒUR, humblement.

Nous t'obéirons ; mais tu ne peux pas la suivre.
C'est ton devoir, ô roi, de rester et de vivre.

ADMÈTE

Vivre ?... et pour qui ? pour vous ?... Oui, je vous
[dois beaucoup !
Vivez et vieillissez, lâches dont c'est le goût !
D'un sang de tant de prix, par Zeus ! montrez-
[vous sobres !
Mais vous qui vous trouvez à l'aise en ces oppro-
[bres,
Laissez partir qui veut partir !... — Ah ! des devoirs !
J'en suis libre envers vous ! je n'en ai plus ! —
[Pouvoirs,
Honneurs, palais, trésors, reprenez tout ! J'abdique.
Cherchez pour votre honte un maître moins pu-
[dique.

En contraignant la reine au cruel dévoûment,
Vous savez que c'était me tuer sûrement :
Pas un Thessalien n'eut pitié ! Thessalie
Etrangère à mon cœur, ainsi que toi j'oublie.
Je te rejette, peuple et patrie !...
  (Le Chœur est muet de stupeur. Phérès, grave, s'avance.)

PHÉRÈS

                O mon fils,
Veille sur ta parole aux coupables défis !

ADMÈTE

Tu te rends à ce deuil sans que nul t'y convie.
Toi qu'Alceste a prié, ton amour de la vie
Immodéré, vieillard, a causé cette mort.
Va-t-en ! puisque tu peux traîner un tel remord.

LE CHŒUR, avec épouvante.

C'est ton père !...

PHÉRÈS, sévère.

           Il convient que ce fils m'injurie,
Quand il n'épargne pas l'outrage à sa patrie !
  (S'approchant d'Admète.)
Toi que nous étions fiers de voir, si grand, surgir,
Ta faiblesse te noie et tu nous fais rougir.
M'en aller? j'y consens ! pour fuir ta dissemblance.
  (Le Chœur, atterré, entoure Admète, qui a baissé la tête.
Phérès se détourne et rentre dans le palais).

4.

SCENE IV

ADMÈTE, LE CHOEUR ; puis un SERVITEUR

ADMÈTE

Mais frappez-moi ! vous qui regardez en silence
Ce héros que le Sort a fait débile et nu.
Je ne suis plus le chef que vous avez connu.
La mort !... Délivrez-moi de ma sombre détresse !

LE CHOEUR

Il a bu la douleur, hélas ! jusqu'à l'ivresse.
Dieux ! faites-lui porter ce vin terrible !

ADMÈTE

           Non !
Je n'ai plus à garder la gloire de mon nom !
Je me laisse ravir, souffrance, où tu m'entraînes !
Si je fus orgueilleux de vertus souveraines,
Le désespoir a tout emporté.
 (Musique lointaine à l'orchestre.)

LE CHOEUR, penché vers le dehors.

         Qu'est-ce bruit ?
  (Entre un serviteur, effaré.)

LE SERVITEUR

Maître, Héraclès te cherche, et n'étant pas instruit,

Vient demander, sans voir cette ville qui pleure,
Que l'hospitalité l'accueille en ta demeure.

(Admète semble s'éveiller de son accablement; il fait avec la main le geste de dégager son front, et peu à peu se redresse et se transfigure).

ADMÈTE

Fais silence, ô douleur!... Voici l'hôte.

LE CHŒUR

Grands Dieux!

ADMÈTE

Refoulez dans vos cœurs les larmes de vos yeux;
Redressez-vous! chassez la pâleur des visages..
Et qu'on dispose tout, suivant les vieux usages.

LE CHŒUR, à la fois stupéfait et ravi.

Quoi! tu le recevras, sous ton malheur plié?
Ainsi qu'aux jours joyeux tu fêtais l'allié,
Des gloires de jadis robuste auxiliaire!

ADMÈTE

Que ma maison soit dite inhospitalière!
Je n'ajouterai pas ce mal aux autres coups.

LE CHŒUR

Hélas! sauras-tu donc te contraindre?

ADMÈTE

> Avec vous
> J'ai pu m'abandonner, dans notre deuil intime,
> Peuple et famille, à mon désespoir légitime.
> Mais devant l'étranger je n'en ai plus le droit.
> Mon hôte me verra les yeux secs, le front droit.

(Héraclès entre. Admète, pâle, debout sur les marches, tend les mains vers lui.)

SCENE V

LES MÊMES, HÉRACLÈS

ADMÈTE

Sois heureux parmi nous, ô fils de Zeus !

HÉRACLÈS

> Admète,
> Roi des Thessaliens, sois heureux !

(Héraclès s'avance vers Admète, et tous deux se prennent les mains.)

ADMÈTE, avec un pâle sourire.

> Je souhaite
> Le bonheur que tu dis, et voudrais qu'il m'échût.
> Car je sais que ton cœur parle dans ce salut.

(Héraclès, après avoir regardé autour de lui.)

ALCESTE

Mais je vois des apprêts étranges : ces murs
[qu'orne
La guirlande funèbre, et cette foule morne,
Ces noirs péplos... Les Dieux ont frappé la maison !

ADMÈTE

Ne t'inquiète pas, mon hôte, sans raison.
Entre... ne prends pas garde à l'aspect des mu-
[railles.

HÉRACLÈS

Sûrement, l'on prépare ici des funérailles !
Que le Maître du Sort épargne tes enfants !

ADMÈTE

Ceux qui sont nés de moi respirent, bien vivants.

HÉRACLÈS

Ton père était âgé, quand je vins.

ADMÈTE, avec une amertume contenue.

De mon père
Zeus détourne les maux : sa vieillesse est prospère.

HÉRACLÈS

Ce n'est pas... — te protège Apollon Pythien ! —
Ta femme... oh ! ce n'est pas la reine ?...

ADMÈTE
(Il ferme les yeux ; puis, avec un effort suprême :)

Alceste... est bien.

HÉRACLÈS

Je ne devine pas, alors. Quelle âme chère
Est-ce donc que tu perds ?

ADMÈTE

Une femme étrangère.

HÉRACLÈS

Mais attachée à ta maison ?
(Admète affirme en silence.)
— Depuis longtemps ?

ADMÈTE, faiblement.

Oui.

HÉRACLÈS

Par les Dieux ! j'arrive en de fâcheux instants !
J'aurais regret d'entrer chez toi dans la même
[heure
Que ce chagrin... J'irai vers une autre demeure.

ADMÈTE

Tu n'infligeras pas cette injure à mon nom.

HÉRACLÈS

Si tu me renvoyais, je t'en saurais gré.

ADMÈTE

Non ;
Je ne mérite pas une telle infortune.

HÉRACLÈS

L'étranger qui survient dans le deuil importune.

ADMÈTE

Reste...

HÉRACLÈS

  Quand un malheur pèse sur des amis,
Festoyer, s'éjouir chez eux n'est point permis.

ADMÈTE

A ma prière, ainsi, que ton refus réponde !
J'ai pour mes hôtes plus d'une chambre profonde
Où tu seras en paix, loin des bruits du dehors.

HÉRACLÈS

Non, vraiment, laisse-moi partir.

ADMÈTE, les sourcils froncés, l'arrêtant.

      Les morts sont morts.
Viens : tu ne peux t'asseoir au foyer d'un autre
         [homme.
Mon hospitalité, qu'au Ciel même on renomme,
Ne subira jamais un affront, moi vivant.
Monte ces marches. — Toi, serviteur, va devant ;
Ouvre les chambres ; fais préparer, sans qu'on
         [tarde,
Les meilleurs mets par ceux que ce soin-là re-
         [garde.

HÉRACLÈS
Tu le désires ?

ADMÈTE
Oui.

HÉRACLÈS
C'est assez résister.
J'entre donc.

ADMÈTE, tandis qu'Héraclès monte les marches.

Je voudrais moi-même l'assister..
Excuse-moi.

(Héraclès suit le serviteur dans le palais).

SCÈNE VI

ADMÈTE, LE CHOEUR

ADMÈTE
Fermez la porte intérieure,
Et que l'hôte joyeux ignore que je pleure !
— Et maintenant, ô Zeus ! j'ai fait ce que j'ai dû !...
Gravissons jusqu'au bout tout le devoir ardu !
J'irai... je veux coucher dans les fleurs cette
[femme,
Et la suivre au bûcher, pour y brûler mon âme.

FIN DU TROISIÈME ACTE.

ACTE QUATRIÈME

SCÈNE PREMIÈRE

PHÉRÈS, LE CHOEUR, ADMÈTE ; ALCESTE, morte.

(Funérailles d'Alceste. Elle est étendue, tout en blanc, au milieu des fleurs, et portée sur les épaules de six Thessaliens. Le Chœur l'escorte. Admète, perdu de douleur, la tête baissée, vient derrière. Le cortège traverse le théâtre, sortant lentement par le fond, à droite. Phérès, immobile à gauche, a retenu près de lui un groupe d'officiers.)

PHÉRÈS

Je ne vous suivrai point — exilé du cortège.
Mais vous, que votre amour, à présent, le protège !
C'est votre tour... Il fit pour vous tout son devoir.
Contre le brusque élan de quelque désespoir
Défendez-le : je crains un réveil, et je tremble.
Oh ! je vous le confie à tous ! Veillez ensemble
Sur le roi terrassé qui fut si triomphant,
— Votre père jadis, aujourd'hui votre enfant.

(Les officiers, tristes, s'éloignent et prennent rang dans le cortège. — Phérès, à un serviteur qu'il a gardé le dernier.)

— Va, toi ; jusqu'au bûcher, sois près du maître ;
[observe,
Et reviens m'informer.

(Le cortège s'est écoulé. Phérès reste seul devant le palais.)

SCÈNE II

PHÉRÈS, UN SERVITEUR

(Des serviteurs vont et viennent devant la porte principale. Au dedans, éclats de rire lointains, bruits joyeux. Un serviteur vient du palais, portant des plats et une amphore. Il hoche la tête, tristement.)

LE SERVITEUR, sur les marches.

                    L'hôte veut qu'on lui serve
D'autres viandes encore ! Il mange, il chante, il
                                                          [boit,
Comme si l'allégresse habitait sous ce toit.

PHÉRÈS

A l'ordre de mon fils il faut qu'on se soumette.

(Au dedans du palais, musique joyeuse.)

LE SERVITEUR, qui est descendu près de Phérès.

Ah ! bien des voyageurs dans la maison d'Admète
Reposèrent, servis par ces mains que voilà ;
Mais jamais je n'en vis d'égal à celui-là.
Car, malgré la douleur de mon maître et la nôtre,
Il se rue au repas, se renverse, se vautre,
Grondant, broyant avec des craquements gloutons
De grands quartiers sanglants de porcs et de
                                                         [moutons.
Sa vorace fureur est incroyable ! il crie,
Frappe du poing, la table et sa coupe fleurie
S'épuise, comme un flot que tarit un brasier,
Engouffrant le vin noir dans son vaste gosier,
Et tandis, le visage embrasé par sa flamme,
Que sans pudeur et sans mesure il en réclame,
Il balance, en riant, sa tête sur son cou,
Et, couronné de myrte, il hurle comme un fou.
Si bien qu'on peut entendre un double chœur —
                                                        [farouche
Et grossier — les gaités qu'il jette à pleine bouche,
Sans égard pour Admète et pour ses maux pro-
                                                        [fonds,
Et nos sanglots que près de lui nous étouffons ;

Car le roi punirait gravement cette faute
De paraître, les yeux mouillés, devant son hôte.

PHÉRÈS

Dur office ! mais tous doivent s'y résigner.

LE SERVITEUR

Nous servons un intrus, au lieu d'accompagner
Hors des demeures la maîtresse qui nous quitte.
Ce devoir s'offre à moi sans que je m'en acquitte !
Et pourtant elle était une mère pour nous,
Et nous pleurons encor, tant son adieu fut doux !
Elle nous épargnait, il faut le reconnaître,
Bien des peines, calmant la colère du maître...
Et je hais l'étranger qui détourne mes pas
De la morte, et par qui je ne la suivrai pas.

PHÉRÈS, incliné vers le fond.

Ils sont là-bas ! Mon fils voit le bûcher, tout
[proche,
Qui s'allume... — Il fallait lui taire mon reproche !
Il ne m'eût point banni, peut-être, de ses yeux,
Et je l'assisterais dans ces sombres adieux !

LE SERVITEUR

Que ne puis-je, présent aux honneurs qu'on cé-
[lèbre,
Au lieu d'un chant joyeux entendre un chant fu-
[nèbre !

PHÉRÈS

Maintenant, par la flamme étreint, ce corps trop
[cher
Fond dans l'ardent baiser qui mord sa jeune chair.

Sous les yeux de l'époux que l'horreur bouleverse,
Dans l'air enveloppant sa beauté se disperse,
Et celle qu'en ses bras il croyait retenir,
Alceste, pour mon fils n'est plus qu'un souvenir.

(Rentre le second serviteur.)

SCÈNE III

LES MÊMES, 2e SERVITEUR

PHÉRÈS

Qu'apportes-tu? Faut-il que le malheur s'accroisse?

LE 2e SERVITEUR

Admète n'a pu voir sans défaillir d'angoisse
Ce chef-d'œuvre parfait près de s'anéantir,
Et tous à sa prière ayant dû consentir
Laissent sans aliment la flamme exitiale
Et s'en vont du bûcher vers la tombe royale.

PHÉRÈS

Zeus le soutienne!

(Il s'éloigne au fond.)

LE 1er SERVITEUR, montrant le palais, et soupirant.

Et moi, sans répit, il me faut
Contenter ce brutal qui commande tout haut,
Et, le front lourd sous sa couronne qui s'effeuille,
Vient profaner la mort au foyer qui l'accueille!

(Héraclès sort du palais, la coupe à la main, regarde les serviteurs, croise les bras, et éclate de rire.)

SCENE IV

LES MÊMES, HÉRACLÈS

HÉRACLÈS

Ils discourent, par Zeus ! et me laissent tout seul.
Une hospitalité singulière !
(Il s'avance et aperçoit Phérès.)
— L'aïeul ?
Salut, Phérès...
(Phérès, silencieux, ne bouge pas.)
— Muet ! ainsi que les esclaves.
Hé ! qu'ont-ils ?
(S'approchant des serviteurs.)
Holà, toi, pourquoi de ces yeux graves ?
Regardes-tu le myrte enroulé sur mon front ?
(Silence des serviteurs. Héraclès rit.)
Aucun ne parlera !.. — D'autre vin, et sois prompt !
Il convient que le temps perdu tu le rattrapes.
(Arrêtant du geste le 1ᵉʳ serviteur, qui allait sortir.)
Apporte aussi de ces beaux pampres lourds de
[grappes,
Qui plaisent tant à voir, et dont je suis friand.
(Les serviteurs semblent interdits et se regardent.)
Ils sont sourds. Il faudra commander en criant.
(Haussant la voix.)
Ne répondras-tu pas ? Non. Ils se font des signes.
Quoi ? n'en peut-on cueillir ? A-t-on détruit les
[vignes ?
En as-tu, par hasard, oublié le chemin ?
Ou bien l'ordre d'Admète arrête-t-il ta main ?

5.

(Le secouant.)

— Parle !

LE 1ᵉʳ SERVITEUR

Elles sont là-bas.. proche des sépultures
Royales... serpentant au mur bas des clôtures,
Sur la route qui mène à Larissa.

HÉRACLÈS

Je crois
Que tu les veux garder pour les ombres des rois.
Comme bronche un mulet, tu dresses les oreilles;
As-tu peur que les morts ne défendent les treilles?
Va! par-dessus le mur, porte à ces bons voisins
Le salut d'Héraclès, et prends-leur les raisins.

(Le serviteur hésite ; mais, devant le geste impérieux d'Héraclès, il pose à terre l'amphore, et sort au fond par la gauche. Phérès s'avance, indigné, tandis qu'Héraclès, riant et renversant la tête en arrière, tend sa coupe au 1ᵉʳ serviteur, qui saisit l'amphore, et lui verse du vin. Alors Héraclès, voyant devant lui Phérès immobile, lui tend sa coupe.)

Dans la coupe vidée aussi vite qu'emplie,
Qu'entre nous deux ce vin alterne et multiplie!
Les morts sont à l'abri du soleil; donc, buvons
Afin d'en soutenir l'ardeur, nous qui vivons.

(Phérès regarde fixement Héraclès, et, sans répondre un mot, rentre dans le palais.)

SCÈNE V

HÉRACLÈS, LE 2ᵉ SERVITEUR

HÉRACLÈS, très surpris.

Par mon père tonnant, l'admirable harangue!
L'aïeul est-il défunt déjà? perd-il la langue?

Tous ces gens semblent pris de quelque déraison...
Je ne reconnais pas l'accueil de la maison.

(Au serviteur.)

Toi qui m'écoutes, l'air fâché, la bouche close,
Ça, réponds : cette morte étrangère en est cause?

LE SERVITEUR, tristement.

Oui.

HÉRACLÈS

Voilà d'où tu prends cette mine d'ennui?
C'est être bien touché par le malheur d'autrui.
Je veux t'instruire : approche ici, face chagrine;
Ne garde plus cet œil baissé sur ta narine,
Et songe à devenir plus sage. Ecoute-moi.
De toute chair qui naît possèdes-tu la loi?
Oui, de l'être — animal ou plante — que la terre
Supporte, sais-tu bien quel est le caractère?
Non, tu ne le sais pas; car d'où le saurais-tu?
Apprends que rien ne croît que pour être abattu.
C'est le fait d'un mortel de mourir, et personne
Ne peut dire aujourd'hui quel champ demain
[moissonne.

LE SERVITEUR, pleurant.

Daigne me pardonner : mon chagrin est trop fort.

HÉRACLÈS

Tu ne t'es donc jamais trouvé devant un mort?
Ah bien, moi!... vois ce pied, — ce bras : de com-
[pagnie,
Ils ont pressé le râle à plus d'une agonie;
Tranquilles, ils ont su maintenir expirants
Des monstres répulsifs, — et de pires tyrans...

Et le sang — tel ce vin en qui ma soif s'étanche —
(Il boit.)
M'a fait rouges les mains, la conscience blanche.
Et j'ai vu tant de fois le souffle aérien
S'exhaler, qu'à mes yeux la mort.. ce n'est plus rien.
(Tendant sa coupe à l'amphore.)
— Mais puisqu'il faut un jour descendre sous la
[terre,
Des fleurs aux tempes, hume avec moi ce cratère :
Passons la porte, égaye en buvant ton esprit !
L'homme n'étant point l'homme, en effet, s'il ne rit:
Car si tu n'es joyeux toujours — et parfois ivre —
Tu feindras d'exister, sans réellement vivre.

(Rentre le 1ᵉʳ serviteur, pâle, effaré.)

SCENE VI

LES MÊMES, LE 1ᵉʳ SERVITEUR

HÉRACLÈS, pendant qu'il entre.

Eh ! l'esclave revient déjà — son zèle est grand —
Avec les grappes, qu'il nous rapporte en courant.

LE 1ᵉʳ SERVITEUR

Puissants Dieux !...

HÉRACLÈS

Quel effroi ! Viens-tu de voir paraître
Pour te chasser des ceps interdits quelque ancêtre?
Pas de raisins !... C'est donc que le fruit n'est point
[mûr?

LE SERVITEUR

Derrière le tombeau, muette, près du mur,
Une forme sinistre est là-bas accroupie ;
Immobile, le glaive à la main, elle épie ;
Tout son buste tendu, soigneux de se cacher,
Regarde le convoi de la morte approcher.
Et ce n'est pas un jeu du soleil et de l'ombre,
Oh non ! c'est de l'Hadès quelque guetteuse sombre.
Un oiseau qui passait près du fantôme noir,
A ses pieds, brusquement sans force est venu choir.
— Et je me suis enfui.

HÉRACLÈS, frappé d'étonnement.

Quoi ! la funèbre escorte
Se rendait au tombeau des rois ? Quelle est la morte
Que Thanatos y guette ? — et qu'est-ce que cela !
Qui donc s'il n'est de sang royal peut dormir là !
— Cette tristesse étrange et qui leur sort de l'âme,
Leurs regards sérieux où je lis comme un blâme
M'étonnent à la fin !... Et Phérès m'écoutait
Pâle... — ayant dans les yeux un malheur qu'on
[me tait !
Celle que vous pleurez n'est pas une étrangère,
Vous autres, dites-moi la vérité, si j'erre !
Mon scrupule cessant, par Admète endormi,
J'ai, sans y prendre garde, offensé mon ami,
N'est-ce pas ?... Mais parlez ! que j'apprenne ma
[faute !
Qui donc est mort ?

LE 1er SERVITEUR

Hélas ! la femme de ton hôte,
Notre douce maîtresse, Alceste !...

HÉRACLÈS, laissant tomber sa coupe.

                                   Elle !... C'était
A ce deuil écrasant que mon rire insultait !
(Il ôte sa couronne et la jette violemment à terre.)
Et vous me receviez au foyer de la morte?

LE 2ᵉ SERVITEUR

Notre maître eût rougi de te fermer sa porte.

HÉRACLÈS

Quelle épouse les Dieux t'arrachent, malheureux !

LE 1ᵉʳ SERVITEUR

Ceux qui versent des pleurs avec lui sont nombreux.

HÉRACLÈS

Sa douleur sur son peuple entier s'est élargie.
— Et moi, je m'enivrais, avec des chants d'orgie !
Vous pouviez m'avertir, pourtant : vous l'auriez dû.

LE 2ᵉ SERVITEUR

Par respect pour son hôte il l'avait défendu.

HÉRACLÈS, brusque, après un silence.

Comment gagner la tombe, en évitant la foule ?

LE 1ᵉʳ SERVITEUR, indiquant de la main, au dehors, par la gauche.

Hors du faubourg, tout droit, le chemin se déroule.

HÉRACLÈS

Bien. Rentrez. — Trop longtemps ici j'ai reposé.
(Les serviteurs rentrent dans le palais.)

SCENE VII

HÉRACLÈS, seul.

O mon cœur, qui pour la justice as tant osé !
O main qui n'as jamais faibli, vierge de crainte !
Montre aujourd'hui quel fils Alcmène de Tyrinthe
Dans les embrassements du roi Zeus a conçu.
Sans bruit j'approcherai la Mort, à son insu...
Oui, comme Thanatos, là-bas, je veux me mettre
En embuscade, vers les tombes... et, dût-ce être
Le suprême péril où je succomberai,
Je ne m'en irai pas sans avoir délivré
Celle que tout un peuple avec Admète pleure :
Je la ramènerai vivante en sa demeure,
Et je paierai mon hôte aux dépens de l'Enfer.
Affermis-toi, jarret ! ô mon poing, sois de fer !
Avant que Thanatos, reine des vains fantômes,
Plonge avec cette proie au fond des noirs royaumes,
Elle viendra — quand tous se seront retirés —
Mordre aux gâteaux sanglants pour sa faim préparés :
Alors, je serai là ! Sans me trahir, j'espère
Me glisser... brusquement bondir... et, par mon
[père !
Si j'ai pu la saisir dans mes bras refermés,
Ah ! dût l'Hadès, avec tous ses démons armés,
Essayer d'arracher de moi sa chair meurtrie,
Je ne leur rendrai point, qu'on menace ou qu'on
[prie,
La buveuse du sang des hommes, qu'elle n'ait
Lâché l'âme que sous la terre elle emmenait.
O Zeus ! livre-la-moi !

(La main appuyée à l'autel, au fond.)

— Phébus, mon frère, cambre

Ma poitrine! assouplis mes nerfs dans chaque
[membre!
Elargis-moi le cœur... et rends-moi pur et fort
Assez pour qu'un mortel ose assaillir la Mort!

FIN DU QUATRIÈME ACTE

ACTE CINQUIÈME

SCÈNE PREMIÈRE

PHÉRÈS, ADMÈTE, LE CHŒUR.

(Au lever du rideau, le théâtre est vide. Chant au dehors.)

CHŒUR CHANTÉ

La frêle fleur s'en est allée
Où tout parfum s'évanouit ;
Loin de notre âme désolée
Le pur rayon qui l'éblouit
Dans l'âpre soir où rien ne luit
S'échappe et fuit.

(Retour des funérailles. Phérès, au bas des marches ; le Chœur vient vers le palais, suivi d'Admète anéanti.)

LE CHŒUR DES FEMMES, parlé, sur le devant.

Nous t'avons fait un lit de pâles roses,
O reine qui nous as laissés !
Pour qu'en chemin doucement tu reposes
Jusqu'aux rives des trépassés.

Habite en paix sous la terre où nous sommes,
　Dans les demeures sans soleil :
Quel Rameur qui passe à l'autre bord les hommes
Sache qu'à ton grand cœur pas un cœur n'est pareil.

Les poètes en foule évoqueront ton âme
　Avec l'écaille à sept cordes, souvent !
Et tu seras, sur leurs lèvres de flamme,
　Plus vivante qu'aucun vivant.

　　A Sparte, les soirs blancs de lune,
　　Dans Athène, aux jours radieux,
　　Ils te chanteront, comme l'une
　　Des Déesses, reines des Dieux.

Sois le sublime exemple et fais à tous envie !
Toujours devant ton ombre on ploiera les genoux :
　　Car toi seule pour ton époux
　　Et ton peuple donnas sa vie.

ADMÈTE

Hélas ! malheur sur moi qui ne l'ai point suivie !

(Le Chœur se divise en deux groupes ; le premier s'approche de Phérès, et le second se range près du roi.)

1ᵉʳ DEMI-CHŒUR, à Phérès, en montrant Admète.

Le roi, brisé par l'âpre Sort,
Regard perdu, cœur sans ressort,
S'en va flotter à la dérive !
Et, cette fois, nous succombons...
Car la colère des Dieux bons
De notre unique appui nous prive.

PHÉRÈS

Ah ! c'est fait de nous tous si ce malheur arrive !

ALCESTE

2ᵉ DEMI-CHŒUR, à Admète.

Secoue, ô roi, le joug d'airain !
Ah ! sur le fleuve souterrain
Que ne puis-je arrêter la rame !
La reine a fui, non son amour...
Tu respires l'air et le jour,
Et c'est en toi que vit notre âme !

ADMÈTE

O vivants ! laissez-nous de votre foule exclus.
Ah ! j'aspire au bonheur de ceux qui ne sont plus !
Je les aime ! je veux habiter leurs demeures !
Et je n'ai plus de joie à voir briller les heures
Dans le ciel, à marquer sur la terre mes pas.
Quand je voulais rester dans la fosse là-bas,
Qui de vous m'empêcha de me coucher près d'elle ?
Au lieu d'une seule âme, une autre âme fidèle
Eût passé maintenant la nocturne Marais !
Et tu fus mon bourreau, toi qui nous séparais.

LE CHŒUR

Si dur soit le destin, il faut qu'on le supporte.
Avance !...

ADMÈTE, reculant.

 Tristes murs... Comment franchir la porte !
Pénétrer là !... Qui donc m'y saluera ?... Comment
M'asseoir dans la maison vide éternellement !
Taire en moi l'abandon que chaque objet avoue...
Espérer que le doux entretien se renoue !...
Certes, je vais m'enfuir, plein de sanglots amers,
Quand j'aurai vu son lit et ses trônes déserts !
Quand je lirai l'absence aux traces du désordre...
Quand le cri de mon fils au cœur me viendra
         [mordre...

Quand ma fille avec lui tombant à mes genoux
Me dira : « Je la veux ! ma mère ! rends-la-nous ! »
Quand, détourné de leurs enfantines alarmes,
J'apercevrai, muets, les serviteurs en larmes !...

LE CHŒUR

Tout désespoir, de jour en jour, s'est adouci.

ADMÈTE

Voilà ce qui m'attend dans ce palais !... Et si,
Chassé de mon foyer, j'erre parmi les vôtres,
Pourrai-je regarder les épouses des autres ?...
Celles que le bonheur d'un rose éclat revêt,
Souriantes... — qui sont de l'âge qu'elle avait !
Ah ! pourquoi m'a-t-on fait ce destin misérable
D'avoir été par elle heureux !...

(Un silence, que le Chœur n'ose troubler. Admète se recueille, et parle.)

       Jour mémorable,
Où, les torches de pin flamboyant sur mon seuil,
Aux chants d'hymen je la reçus, ivre d'orgueil !
Son père l'amena par la main... Douce attente !...
Un long cortège dans la lumière flottante
Suivait, en péplos blancs, proclamant, d'une voix,
Bien heureux cette morte et moi !.. — Je la revois,
Dans son voile neigeux, toute blanche, et si belle !...
Vierge, les yeux baissés, presque immatérielle,
Elle ne parlait pas, comme si quelque rit
Mystérieux d'avance eût charmé son esprit,
Et qu'endormie, elle eût, pour s'épanouir femme,
Attendu que l'amour initiât son âme.

Alors je m'avançai vers celle que j'aimais...
— Vision! vision disparue... à jamais!

(Au fond paraît Héraclès, tenant par la main Alceste, blanche et muette, sous un voile dans l'attitude qu'Admète vient d'évoquer.)

SCÈNE II

LES MÊMES, HÉRACLÈS, ALCESTE

ADMÈTE, avec un grand cri.

Ah!...

(Il tremble, balbutie, étend les bras devant l'apparition, et murmure enfin :)

Quelle image, ô Dieux! faites-vous apparaître!

(Puis il reste muet, cloué au sol.)

HÉRACLÈS, souriant.

Tu ne m'as pas traité comme je devais l'être,
Mon hôte ; j'avais droit à ta sincérité.
Je pourrais me montrer justement irrité.
Au lieu de m'éclairer en ami véritable,
Ne me laissais-tu pas me réjouir à table,
Dans des libations aux Dieux? les cheveux ceints
De myrte, des chansons aux lèvres !... Je me plains,
Certes oui, je me plains de cette défiance...

(D'un ton sérieux.)

— Tu souffres de grands maux ; pourtant, prends
[patience.
Les Dieux ont quelquefois changé le sort mauvais.

Ecoute : garde-moi cette femme. Je vais
En Thrace — le Destin toujours me violente! —
M'emparer des chevaux à la bouche sanglante
Et tuer le tyran. — Espère en mon retour :
Si tu ne me vois pas reparaître... à mon tour,
J'aurai subi là-bas la noire destinée!
Alors, que celle-ci que je t'aurai donnée
Soit ta servante. Donc, prends-la.

ADMÈTE, reculant, et tremblant.

Dieux! que veut-il?

HÉRACLÈS

Elle n'est pas venue en mes mains sans péril.
J'ai pris part à des jeux publics, où les athlètes
Ne sont vainqueurs qu'après des épreuves... com-
[plètes.
Cette femme était l'un des prix; j'ai pour devoir
De m'exercer dans ces combats, et ne puis voir
De tels gains glorieux sans que je les dispute.
Pour la gagner, je dus entreprendre une lutte
Sérieuse... — Je l'ai conquise : la voilà.

ADMÈTE

Il parle étrangement!... — S'il se peut, conduis-la
Chez d'autres hôtes : bien des foyers dans la ville
Te sont ouverts, qui lui seraient un sûr asile.
Moi, dans cette maison je ne puis l'accueillir...
Ce serait au respect de la morte faillir.

HÉRACLÈS

Tu ne l'as pas bien vue.

ADMÈTE, se détournant.

Ah! torture insensée!

Apollon, secours-moi! chasse cette pensée
Obsédante... inouïe!

HÉRACLÈS

     On ne peut soutenir
Qu'un chagrin ne vieillisse au fond de l'avenir.
Aujourd'hui, ton regret est tout jeune, et te pèse :
Demain l'allègera.

ADMÈTE

      Nul doute qu'il l'apaise
En effet, si la mort est le nom de demain.

HÉRACLÈS

Tu te consoleras par un nouvel hymen.

ADMÈTE

Qu'as-tu dit ? Que jamais d'elle je me délie !
Supposer que je peux la trahir m'humilie.

HÉRACLÈS

Quoi ! veux-tu vivre avec la morte désormais ?
N'épouseras-tu plus d'autre femme ?

ADMÈTE

        Jamais.

HÉRACLÈS

Je t'en loue, et vraiment c'est demeurer fidèle.
— Mais reçois celle-ci, consens ! charge-toi d'elle.

ADMÈTE, *secouant la tête.*

D'elle ni d'aucune autre.

HÉRACLÈS

     Allons ! touche son bras...
— Regarde-la. — Plus tard, tu me remercieras.

ADMÈTE

Hélas!...

HÉRACLÈS

C'est à toi seul que je veux la remettre.

ADMÈTE, balbutiant.

Elle ne peut m'avoir pour hôte ni pour maître.

HÉRACLÈS, d'un ton singulier.

Regarde-la donc mieux, ô roi.

ADMÈTE

Zeus éternel!

HÉRACLÈS

Admète, qu'as-tu donc?

ADMÈTE

Ce rêve est trop cruel,
Non, je n'ose laisser pénétrer dans mon âme
L'épouvante d'un tel espoir!

HÉRACLÈS

Ah! cette femme
Te trouble grandement.

ADMÈTE

Par grâce, éloigne-la...
C'est sa démarche... c'est son visage qu'elle a!...
Et je crois voir Alceste elle-même!...

HÉRACLÈS

                                          Prends garde,
Alors, de la chasser.

ADMÈTE

                      Emmène-la !...

HÉRACLÈS

                                          Regarde.
Plus près !... Ne vois-tu pas combien j'insiste ?

ADMÈTE

                                          O Dieux !

HÉRACLÈS, qui s'est avancé.

Ose tendre la main.

ADMÈTE, fermant les yeux.

                    Vertige !...

(Héraclès lève le voile, prend la main d'Admète et la met dans celle d'Alceste.)

HÉRACLÈS

                                 Ouvre les yeux...
— Cesse d'être affligé : reconnais-la.

ADMÈTE, éperdu.

                                      C'est elle !
Elle, vivante !... oh oui !... l'erreur serait mortelle.
O doux regard de ma bien-aimée !... O trésor
Retrouvé, contre tout espoir !...

ALCESTE

HÉRACLÈS, l'arrêtant, et baissant le voile.

         Attends encor.
Tu ne pourras l'entendre, à la vie éveillée,
Que pure du contact dont la Mort l'a souillée.
Il lui faut secouer la cendre des séjours
Souterrains, et rester sous ce voile trois jours.
Parle-lui doucement, mais elle doit se taire.

(Admète, dans une joie extatique, suit des yeux Alceste qu'Héraclès a menée vers les marches; elle les monte lentement, au milieu du peuple émerveillé, tandis que tous écoutent Héraclès, au fond du théâtre, qui s'est dressé, prêt à partir, et, en qui transparaît sa divinité future.)

— Les Dieux sont souverains et la vie est mystère
Le sort fléchit devant la puissance d'aimer.
Prosterne-toi: redoute, ô roi, de blasphémer.
Adieu. Zeus, par mes mains, rend, avec cette femme,
A tes sujets leur chef, à mon hôte son âme.
Qu'elle vive pour toi, qui revivras pour eux.

(Il sort, et Admète, comme se réveillant, dit enfin:)

ADMÈTE

Je puis donc le crier, peuple, je suis heureux !

FIN.

Paris. — Imp. F. Imbert, 7, rue des Canettes.

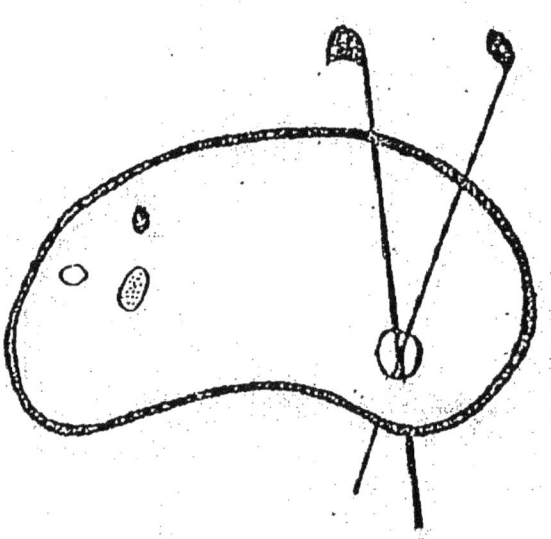

ORIGINAL EN COULEUR
NF 2 43-120-8

www.ingramcontent.com/pod-product-compliance
Lightning Source LLC
LaVergne TN
LVHW020947090426
835512LV00009B/1745